AYUDANTES DE LA COMUNIDAD

TRABAJADORES DE LA CONSTRUCCIÓN

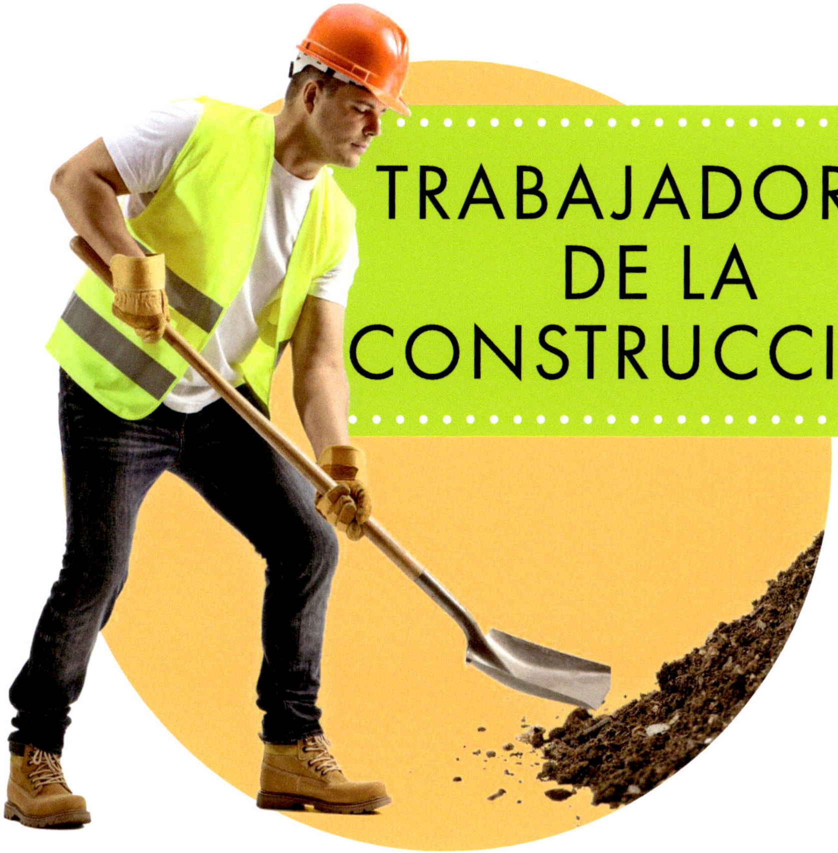

por Golriz Golkar

casco de seguridad

grúa

Busca estas palabras e imágenes mientras lees.

excavadora

cemento

Los trabajadores de la construcción nos ayudan. ¿Qué hacen?

casco de seguridad

Usan un casco y botas.
Llevan un chaleco.
¡Es hora de trabajar!

¡Bip! ¡Bip!
Un trabajador usa una grúa.
Balancea una gran bola.
¡Bum! ¡Cae un muro!

grúa

excavadora

Aquí viene una excavadora.
Un trabajador cava un hoyo.

cemento

Mezcla un poco de cemento.

Lo alisa.

La carretera está arreglada.

Una trabajadora construye una casa. Se asegura de que la madera sea resistente. Una familia vivirá aquí.

Los trabajadores de la construcción construyen nuestras ciudades. ¡Su trabajo nos mantiene a salvo!

casco de seguridad

grúa

¿Lo encontraste?

excavadora

cemento

Publicado por Amicus Learning, un sello de Amicus
P.O. Box 227, Mankato, MN 56002
www.amicuspublishing.us

Copyright © 2026 Amicus. Todos los derechos reservados. Prohibida la reproducción, almacenamiento en base de datos o transmisión por cualquier método o formato electrónico, mecánico o fotostático, de grabación o de cualquier otro tipo sin el permiso por escrito de la editorial.

Library of Congress Cataloging-in-Publication Data
Names: Golkar, Golriz, author.
Title: Trabajadores de la construcción / by Golriz Golkar.
Other titles: Construction workers. Spanish
Description: Mankato, MN: Amicus Learning, an imprint of Amicus, [2026] | Series: Ayudantes de la comunidad | Audience term: Children | Audience: Ages 4-7 | Audience: Grades K-1 | Summary: "Construction workers build buildings, roads, bridges, and more. Learn how they help the community in this low-level beginning reader that reinforces new Spanish vocabulary with a search-and-find feature. A great early social studies book that will inspire kindergartners and first graders to learn about jobs in their community. Translated into North American Spanish"—Provided by publisher.
Identifiers: LCCN 2024052127 (print) | LCCN 2024052128 (ebook) | ISBN 9798892006675 (library binding) | ISBN 9798892007276 (paperback) | ISBN 9798892007870 (ebook)
Subjects: LCSH: Construction workers—Juvenile literature. | Occupations—Juvenile literature.
Classification: LCC HD8039.B89 G6518 2026 (print) | LCC HD8039.B89 (ebook) | DDC 331.7/624—dc23/eng/20241213
LC record available at https://lccn.loc.gov/2024052127
LC ebook record available at https://lccn.loc.gov/2024052128

Ana Brauer, editora
Deb Miner, diseñador de la serie
Sara Hood, diseñador de libro y
　investigación fotográfica

Créditos de Imágenes: Alamy Stock Photo/Martin Bond, 6-7; Shutterstock/Angelo Giampiccolo, 10-11, BigPixel Photo, 3, Dusan Petkovic, 8-9, FREEPIK2, 5, hugo_34, 14, Ljupco Smokovski, 1, M2020, cover, YAKOBCHUK VIACHESLAV, 12-13